Der Garten am Haus

Warum in die Ferne schweifen …
THÜRINGER KLEINODE ZWISCHEN ZIERDE UND NUTZEN
Band 4 **GARTEN UND KUNST**

Überreicht von Inga und Horst Fleischer aus der Rudolstädter Weinbergstraße am 28. April 2016.

ANNETTE SEEMANN *Texte*
CONSTANTIN BEYER *Fotos*

Band 4 GARTEN UND KUNST

Inhalt

1 PLINZ/MILDA: Jochen Bach — 9
2 SAALFELD-REMSCHÜTZ: Kristian & Sabine Körting — 21
3 RUDOLSTADT: Dres. Horst & Inga Fleischer — 29
4 MEININGEN: Claudia Katrin Leyh & Tom Detlef Nicolmann — 39
5 HOHENFELDEN: Hans-Peter & Elke Mader — 47
6 RUDOLSTADT/DEBRAHOF: Jess Fuller — 57
7 KAPELLENDORF: Petra Töppe-Zenker — 67
8 RHODA: Claus D. Worschech — 79

GARTEN UND KUNST

von **Annette Seemann**

Die Verbindung einer gärtnerischen Anlage mit Kunstwerken geht ebenso wie der reine Ziergarten (siehe Band 3 »Der Garten am Haus. Private Ziergärten«) auf Adelsschlösser mit ihren oft riesigen Parkanlagen zurück, in denen von alters her plastische Werke, Gartenarchitekturen und kunstvolle Wasserspiele eingebracht wurden, um möglichst abwechslungsreiche Spaziergänge sowie eine standesgemäße Repräsentation zu gewährleisten. In unserer Zeit ist es demgegenüber jedem Gärtner möglich, selbstgefertigte oder erworbene Kunstwerke im Garten zu zeigen. Hier eignen sich bestimmte Materialien wie Metall, Ton, Keramik und Glas besonders, auch Holz oder Gips kommen zur Verwendung.

Der Garten »mit Kunst« ist beliebt, mit unseren acht Thüringer Beispielen haben wir nur einen kleinen Teil des vorhandenen Materials gesichtet und ausgebreitet. Wieder ging es um größtmögliche Varianz bei der Auswahl, sowohl was die Größe und Anlage der Gärten wie die Verbindung mit den unterschiedlichen Kunstwerken anging: So hat ein Gärtner und Künstler sein von Wasser durchströmtes Mühlengrundstück mit Figuren bevölkert, die seiner Phantasie entsprungen sind, in anderen Gärten stehen keramische Tiere neben Vasen, und skulpturale Tiere und Porträtbüsten finden sich neben Metallgüssen oder neben Holzskulpturen. In einem der Gärten ermöglichen die Hobby-Künstlerin und ihr Ehemann jungen Talenten erste Ausstellungen.

Und schließlich habe ich drei Beispiele ausgewählt, die zeigen sollen, wie künstlerische Konzepte den Umgang mit dem Garten

> **Dank**
> *Allen Gärtnern und Gärtnerinnen danken wir für die Einblicke in ihre Garten- und Kunstwelten und die großartige Zusammenarbeit!*

bestimmen. Hier wird der Gartenbegriff auf drei unterschiedliche Weisen gewissermaßen transzendiert:

Auf dem Debrahof mit seinen nicht zu bewältigenden 10.000 Quadratmetern des umgebenden Grundstücks werden immer wieder neu »Garteninseln« geschaffen, die jeweils unterschiedliche Kunstinstallationen aufnehmen: die nachwachsenden Stühle, das Weidenlabyrinth, das Baumhaus, das schwebende Familienbett, die mahnenden Eichenstrünke mit Aufschrift und vieles mehr ...

In Kapellendorf ist die hauptberuflich als Keramikerin tätige Gärtnerin davon abgekommen, wesentliche Eingriffe außer regelmäßigen Rodungen zu unternehmen: Sie lässt sich von der Natur beschenken und kann selbst mit Giersch, Hopfen und Holunder etwas anfangen.

Ein eher gegenläufiges Konzept ist das letzte Beispiel, der strenge Garten in Rhoda, der mit einer sehr überlegten und faszinierenden Mischung von Bäumen, Rasenflächen, Mauern und Sichtachsen auf einem ansteigenden Grundstück in seiner Beziehung zu einem historischen Haus mit modernem Nebengebäude arbeitet: Hier hat ein kunstaffiner Architekt einen modern interpretierten klassischen Garten mit verschiedenen Gartenräumen geschaffen.

Auch diesem Buch kann jeder Gartenliebhaber viele Anregungen für sein eigenes Arbeiten im und mit dem Garten entnehmen.

Annette Seemann, im April 2015

PLINZ/MILDA

Jochen Bach

Auf den Rat von Michael Dane[1] hin brechen wir am 13. November erstmals nach Plinz auf, das auf einer Fahrt durch romantische Wiesentäler über Milda und Großkröbitz zu erreichen ist. Wir haben das Gefühl, weit weg von allem zu sein. Es handelt sich um einen ehemaligen Mühlenkomplex. Wohnhaus, Galerie, Garten und etliche Nebengebäude gehören dem Ehepaar Bach seit 1972.

Da hatten sie sich in Plinz verliebt. Die beiden Architekturstudenten besaßen nicht einmal ein Auto. Plinz erreichten der passionierte Reiter und seine Frau anfangs oft zu Fuß. Und die Reitpferde und ihr Unterkommen waren auch Ausgangspunkt der Überlegung, aufs Land zu ziehen. Es gab damals selbstredend keinerlei Komfort, man lebte mit einem Trockenklo auf der anderen Straßenseite. Erst einmal verdiente Gisa Bach den Unterhalt für die Familie, denn schon bald gab es ein Kind, das der Vater zu Hause betreute, während er gleichzeitig anfing, als Künstler zu arbeiten. Wenig später sattelte Gisa Bach ebenfalls um und ließ sich in Saalfeld zur Töpferin ausbilden. Bis zur Wende ging das alles gut, da waren Keramik und Kunst etwas Besonderes, Individuelles, wenig zu finden. So bekamen beide ihre Arbeiten regelrecht aus der Hand gerissen, noch bis in die ersten Jahre nach der Wende hinein: Die Galerie eröffnete Jochen Bach am 1. Mai 1991 und bis 2000 kamen wahre Menschenmassen nach Plinz. Seitdem aber ist es ruhiger geworden.

Was nun hat es mit dem Garten in Plinz auf sich? »Das begann etwa 1994/95«, erläutert Jochen Bach: »Ein Parkplatz für die Besucher am Mühlbach war der Nukleus, und ebenso wie die Skulpturen

[1] Der Garten von Michael Dane wird in Band 2 ›Private Gärten‹ dieser Reihe ab S. 42 vorgestellt.

im Laufe der Zeit zahlreicher wurden, musste auch der Garten wachsen, denn er ist der Bilderrahmen für die Skulpturen.« Im Garten ist er genauso Herr wie im übrigen Plinz, einem Reich von eigenem Gesetz, in dem die silberporzellanfarbigen federfüßigen Zwerge, wunderschöne schwarzweiß-gesprenkelte Hühner mit Federschuhen, auf denen sie fast ungelenk einherwanken, die federfüßigen weißen Pfautauben aus Indien und die Katze heute die einzigen Tiere sind. Das war früher, zu den Anfangszeiten des Plinzer Landlebens, natürlich anders. Da gab es Schweine, Pferde, Schafe und Nutrias. Das Pferd zog den Pflug, und Jochen und Gisa Bach betrieben eine umfängliche Landwirtschaft für die Selbstversorgung. Es wurden Tabak und Kolbenhirse angebaut und die Schafe geschoren. Für die Wolle bekam man sogar etwas Geld damals. Diese Zeiten sind vorbei, sie bewirtschaften nur noch einen kleinen Nutzgarten, man wird auch älter.

Heute hingegen gibt es den erwähnten Skulpturengarten, ein öffentliches Gelände am Mühlbach, das jeden Tag zugänglich ist. Dieser Garten soll die Besucher in die Galerie locken. Wer sich um dieses recht große Areal von Plinz, einen halben Hektar etwa, kümmert? Jochen Bach selbst, der Garten gehört ja zur Kunst: So kann er

selbst Gisa Bachs Hilfe hier meist nicht brauchen. »Nur Aufräumen darf sie gelegentlich, sie macht ansonsten doch meist Fehler«, meint er. Doch wer würde die nicht machen außer ihm?

Der Garten ist in verschiedene Zonen, die alle Namen haben, unterteilt. Da gibt es den Garten der Stille, den Garten des Rauschens, den Garten der Steine, den Garten der Vögel und den Garten der Frösche. Die Frösche sind kleine und kleinste Figürchen, alle gekauft. Ansonsten sind alle Skulpturen Jochen Bachs Phantasie entsprungen, die großen aus Kunststoff, »das Restaurant« etwa oder »der Spanner« oder »Herr Schmidt« und »das Bett im Baum«. Es gibt aber auch Steinskulpturen, die an die Osterinseln erinnern, und die »Kinderproduktionsmaschine« besteht aus verschiedenen Altmetallteilen.

Die Skulpturen haben alle ihre Geschichten. Sie sind allerdings nicht aufgeschrieben. »Eigentlich soll sich jeder seine eigene Geschichte dazu ausbilden«, meint Jochen Bach, während unser Gespräch all die Zeit ostinatoartig durch den rauschenden Mühlbach begleitet wird, der erst Toffgraben heißt und später Forellenbach.

»Sie haben hier ein schönes Anwesen, dieses Plinz«, sage ich. Da schüttelt Jochen Bach entschieden den Kopf: »Genau andersherum. Plinz hat uns. Der Garten hat mich, den mache ich das ganze Jahr über, nur im Dezember und im Januar komme ich noch ins Atelier.«

Dass ihn der Garten hat, ist auch beim zweiten Besuch im Juni deutlich: »Ich bin den ganzen Tag damit beschäftigt«, sagt er uns an diesem Sonntag im Juni. Während unseres Besuchs kommen immer wieder Paare oder kleine Gruppen von Besuchern in den Garten. Heute wirkt der Weiler Plinz wie ein buntes, festliches Dorf, belebt von Skulpturen in Menschengestalt und wirklichen Menschen, dazu die Zwerge, die Nachwuchs bekommen haben. Der Garten wiederum ist verzaubert durch das Frühsommerlicht. Eine Salix integra und eine Ramblerrose sind anzutreffen, dazu Malven in allen Farben.

Im Garten der Stille blühen verschiedene Hortensiensorten, der Wald-Geißbart, der Jasmin, der Holunder ebenfalls. Hier sind Grün- und Brauntöne vorwiegend, dazwischen immer wieder die orangefarbenen Taglilien, wie überhaupt Taglilien fast alle Gartenteile bevölkern. Im Garten der Vögel blüht ein Teil der Iris noch. Ein Tor, mit Trompetenwinde überrankt, die kleine kannenförmige Blüten macht, gefällt mir sehr. Der Jasminduft ist zauberhaft.

Da steht er, der historische Pflug der Anfangszeiten von Plinz, dazu das Schild: »Mit diesem Pflug haben wir mit unseren Pferden vor über 40 Jahren den Garten an dieser Stelle gepflügt, um Futter für unsere Pferde anzubauen.« Im Garten des Rauschens steht der Teich mit den Seerosen, Hosta blüht, Gilbweiderich, Frauenmantel. Im Garten der Frösche blühen Taglilien, Mohn und Ringelblumen, Melde und wieder Gilbweiderich. Wir lesen auf der Tageskarte des Restaurants die Spezialität des Gartens. Das sind:

Geküsste Frösche
Die partout nicht zu
Prinzen werden wollten,
in feiner Rotweinsoße.

Wir nehmen mit uns den Eindruck von blühendem Fingerhut und Hortensien und unzähligen Froschskulpturen.

SAALFELD-REMSCHÜTZ

Kristian und Sabine Körting

Das bäuerliche Anwesen haben die Körtings 1977 gekauft, seit 1980 wohnen sie hier. Es handelt sich um ein historisches Vorderhaus von 1773, zu dem als Hintergebäude die Scheune im 19. Jahrhundert hinzutrat. Zuerst war ihnen nach dem Kauf ausschließlich der Garten zugänglich, später erst die Gebäude.

Beide sind Gartenliebhaber und beide lieben die Gartenarbeit, aber für beide ist das nicht die Hauptsache im Arbeitsleben. Sabine Körting betreibt das auf dem Hof angesiedelte Café (alle Kuchen sind selbst gebacken), Kristian Körting ist Keramiker und stammt aus einer Töpferdynastie in Thüringen, worauf er gar nicht gerne eingeht. Doch die Großmutter war schon Töpferin in Berlin und bildete Keramiker aus. Er selbst hat in Saalfeld bei seiner Mutter gelernt und dann seine eigene Töpferei aufgebaut: »Ich mache es weiter, wenngleich das Töpferhandwerk darniederliegt seit der Wende hier und ich zugestehen muss, dass wir beide leider fast ausschließlich von Sabine Körtings köstlichen Kuchen leben«, meint er. Aber das sehr gut besuchte, beliebte Café ist doch auch etwas ... Kristian Körting wirkt nicht unzufrieden, und sein Garten trägt vielleicht zu diesem Gleichmut bei.

Es handelt sich um einen Garten von etwa 700 Quadratmetern, das Grundstück insgesamt ist mit Wohnhaus und Scheune, in der die Körtings heutzutage Familienfeste ausrichten, ca. 2.000 Quadratmeter groß. Diese Aktivität ist recht erfolgreich, so schätzen die Gäste das in Kristian Körtings Garten gebackene »Erdschwein«, das mittels einer Methode gegart wird, die er in abgewandelter

Form den Ureinwohnern von Neuguinea abgeschaut hat. Auf dem gepflegten Rasen fällt der Töpferofen afrikanischer Bauart schon auf, der ihm als Raku-Ofen diente und jetzt zum Erhitzen der Steine für das »Erdschwein« benutzt wird. Die heißen Steine umhüllen das in Kohl und Alu-Folie verpackte Fleisch 4–5 Stunden lang, bis es butterweich geworden ist.

Die Struktur des Gartens ist die eines Thüringer Bauerngartens am Hof, jenseits des Zauns ist schon das Feld. Eine unverstellte Aussicht erfreut. Doch Nutzbereiche gibt es heute so gut wie nicht hier, von Obstbäumen abgesehen, und außerdem birgt der Garten auch – sparsam eingesetzt – einiges an Körtings Kunst, keramische Skulpturen, verborgen oder integriert in Pflanzen. Den Strauß mit der Bambusbepflanzung, das Stachelschwein im Gräserbeet – eine neue Anregung. Kristian Körting liebt Gräser und freut sich gerade darüber, dass das Kopfgras (Sesleria autumnalis) blüht! Wie früh in diesem Jahr! Unser Gärtner überreicht mir eine ordentlich geführte Liste mit 17 verschiedenen Gräsern und ihren Größen, die zwischen 15 cm und einem Meter variieren: In diesem attraktiven Gräserbeet ist nicht viel dem Zufall überlassen worden. Vor allem plant der Keramiker auch für diese Gräser seine schmalen Vasen, eine Spezialität,

die er schon von seinem Vater übernommen hat. »Es macht mir einfach Freude, Gräservasen zu drehen.« Allein sechs Sorten aus der Festuca- oder Schwingel-Familie hat er im Beet, daneben seltene Gräser wie Imperata cylindrica, Red Baron (Japanisches Blutgras), Carex carophyllea ›The Beatles‹, die Garten-Schopfsegge oder die beiden eingangs erwähnten Kopfgräser ›Sesleria autumnalis‹ und ›Sesleria heufleriana‹, sowie Australisches Federborstengras, Goldbart- oder Indianer-Gras, Garten-Perlgras, Diamantgras, Mahagoni-Gras und Zittergras.

Ein Staudengarten muss außerdem sein, meinen beide Körtings, die sich bei Gartendetails auch manchmal streiten können, aber sie finden in solchen Fällen immer Lösungen. Das Gräserbeet gehört ihm, das Staudenbeet eher ihr.

Im August sind wir erneut hier. Wir sehen das Maisfeld im Hintergrund, den blühenden gelben Ranunkelstrauch, die Spornblume, die vielen Rosen von Sabine Körting, die teils zum zweiten Male blühen, und erneut das Gräserbeet. Beim Rundgang bewundern wir auch noch schöne Dahlien aus Quedlinburg, ›Mystery Day‹ etwa, den Akanthus in der zweiten Blüte, die weiße Ballonblume, das Mädchenauge, den rosablühenden Natternkopf, die Wunderblumen in Gelb, Lila und Rot, den Blutfelberich – und die schönste Rose überhaupt, noch von Tau beperlt, die ›Käthe von Saalfeld‹, eine im Jahre 1907 von dem Saalfelder Richard Elbel, einem privaten Rosenfreund, gezüchtete und als neue Sorte anerkannte orangegelbe Teerose. Sie war nach

der morganatischen Frau des Prinzen Ernst von Sachsen-Meiningen, Catharina Sara Jensen, bezeichnet auch als Freifrau von Saalfeld, benannt worden und galt lange als verschollen. Recherchen im Vorfeld des 1100-jährigen Stadtjubiläums von Saalfeld 1999 brachten zutage, dass diese Rose allein im Rosarium von Sangerhausen noch existierte. Von dort durften einige veredelte Reiser im Jahr 2000 zurück nach Saalfeld reisen, unter anderem auch in den Garten der Rosenfreunde Körting, die neben dieser Rose auch die Duftsorten ›Nostalgie‹ und ›Michelangelo‹ sehr mögen. Sabine Körting schwört im übrigen auf ein biologisches Mittel gegen Sternrußtau und verabreicht den Rosen vor der Blüte einen Nikotinsud gegen Spinnmilben.

Beim Tag der Offenen Gärten waren sie natürlich auch dabei, über 100 Menschen kamen …

Auf die Frage nach weiteren Gartenprojekten wissen sie gleich eine Antwort: »Die Terrasse möchten wir erweitern und hin zu einem neuen Kiesbeet führen, wo dann Kugellauch wachsen soll.«

RUDOLSTADT

③ Dres. Horst und Inga Fleischer

Zu dem Haus wie zum Gartengrundstück hat mir der emeritierte Historiker Horst Fleischer, der in früheren Jahren das Schlossmuseum Heidecksburg leitete, handschriftlich eine wunderbare Aufstellung gemacht. Es handelt sich um ein 4.168 Quadratmeter großes Grundstück mit Wohnhaus. Das gesamte Gebiet war ursprünglich ein Weinberg unter dem Hain und über den Feldern des Vorwerks der Grafen und Fürsten von Schwarzburg mit dem ursprünglichen Namen »das Gebind«. Im 18. Jahrhundert wurde eine Straße »Unter den Weinbergen« angelegt, die ab 1886 und bis heute den Namen Weinbergstraße führt.

Das Haus der Fleischers wurde als Sommerhaus für den Generaldirektor des Kalikonzerns Wintershall AG, den Unternehmer August Rosterg aus Kassel (1870–1945), von dem Eisenacher Architekten Arno Gunkel in Fertigbauweise nach dem »System Gunkel« im Jahr 1912 erbaut: Nach dem Guss des Fundaments mit Keller dauerte es nur 14 Tage, bis das Haus fertig stand. Es weist im Innern noch Zitate des Historismus auf und ist heute ein denkmalgeschütztes Gebäude.

Aber eigentlich ist das schräg gegenüberliegende klassizistische Haus dasjenige, dem der ursprünglich 16.000 Quadratmeter große Park zugeordnet war, dessen »Rest« heute Fleischers in Erbpacht bis 2090 nutzbarer Garten ausmacht. Dieses Nachbarhaus, Weinbergstr. 10, wurde von dem Baumeister Junot erbaut, dem Stiefsohn der älteren Schillertochter Caroline, und war ursprünglich für den Kammerherrn Friedrich Karl von Schauroth (1790–1861) 1846 erbaut worden.

Zurück zu Rosterg: Er bewohnte sein Sommerhaus, das seit 1987 Eigentum der Fleischers ist, mit seiner Frau Dora. Für die früh verstorbene Dora hat der Besitzer auch 1915 den eindrucksvollen Urnentempel im oberen Teil des Gartens errichten lassen. Die Frauenstatue, sitzend, »Die Trauernde«, ist ein Werk des in Weimar lebenden Bildhauers Heinz-Georg Häußler und entstand 1960 in Stuttgart. Ganz oben thront über den terrassenartig nach oben führenden Wegen eine künstliche Ruine. Wann diese entstand, ist leider nicht bekannt, aber Horst Fleischer hält sie für eine lang vor dem Haus, wahrscheinlich im späten 18. Jahrhundert, errichtete Struktur und schreibt: »Für den Bau der steinernen Gartenzinne in Form einer künstlichen Ruine kann der Hofrat und spätere Geheime Rat und Kammerpräsident Johann Friedrich Schwartz (1727–1806) in Anspruch genommen werden. Gleiches trifft für die Sitzgrotten zu. Auf einer verwitterten Tafel aus Sandstein wurde vor Jahren die Inschrift: ›JEHAN 1777‹ entziffert. 1777 feierte Schwartz seinen 50. Geburtstag.«

Den Garten bezeichnet Horst Fleischer als Villengarten, der durch lange »Nichtpflege« in der DDR-Zeit eine Eigendynamik entfaltet hat. Der Villengarten sei noch erkennbar, aber spontan überwachsen. Gegen 1850 wurde dieser Garten angelegt. »Wir kümmern uns um die Erhaltung und Reinigung der Wege im Garten«, meint Inga Fleischer. »Gelegentlich müssen aus Altersgründen Bäume beseitigt werden, damit sie nicht umfallen und so zur Gefahr werden. Viele Stämme, meist Eichen, sind mit Efeu bewachsen.« Wenn Fleischers nicht umhin können, Bäume zu fällen, vor kurzem waren es die 100-jährigen Buchen, ist das sehr schwer für sie. »Das ist anders als bei vielen anderen Rudolstädtern, die sich freuen,«, vermutet Horst Fleischer, »dass die Stadt die Baumschutzordnung abgeschafft hat.«

Es ist Inga Fleischer, die das Haus und das Grundstück am längsten kennt, sie ist fest hier verwurzelt. 1950 zog die damals Neunjährige mit ihrer Familie hier ein. Damals waren sie aus ihrer Wohnung in Rudolstadt hierher umgezogen, und es galt, in einer Gemeinschaft von insgesamt 17 Personen in der Villa auszukommen. Der Park war damals noch größer, aber seit 1945 sehr verwildert. Inzwischen ist viel Neues in der Umgebung gebaut worden. Aus diesem Grunde hat die Stadt, der das Grundstück gehört, einen kleinen Teil als Bauland in Anspruch genommen. Horst Fleischer heiratete 1967 ein, und seit 2005 wohnt das Ehepaar allein im Haus. Und im Garten.

Die Vögel sind Inga Fleischers Lieblinge, die Krähen, die Eichelhäher, die Kohlmeisen. Sie genießt die stillen Partien des Gartens,

da kann man sich auch sonnen. Das parkartige Gartengrundstück ist eine Oase für das Ehepaar. Erst seit kurzem gibt es eine Hilfe für die schwereren Arbeiten wie etwa die Laubaufnahme. Außerdem darf hier vieles einfach so wachsen. Durch die großen Bäume ist der Garten recht dunkel, obwohl er nach Süden ausgerichtet ist. Vieles wächst gar nicht gut. Wein haben sie als Experiment einmal begonnen, aber mehr als ein Symbol, auf der obersten Terrasse. Jetzt im Juni ist der Wein üppig belaubt, die Kapuzinerkresse blüht auf der ersten Terrasse, auf der oberen Terrasse stehen die Rosen, und die Schafherde, eine Skulpturengruppe von Inga Fleischer im dunkelgrünen Laub, bildet einen reizvollen Kontrast.

Sie feiern gern im Garten, öffnen ihn für Ausstellungen mit jungen Künstlern aus Thüringen. Das begann 2008 und wird in unregelmäßigen Abständen fortgesetzt. Etliche Skulpturen schmücken den Garten, auch solche, die Inga Fleischer selbst gemacht hat, dennoch steht die Kunst hier nicht im Vordergrund wie in anderen Künstlergärten, sondern passt sich ein, es sind Tiere oder Menschen, quasi Garten-Mitlebende. Nachdem die ausgebildete Fachärztin für

Bio-Chemie in den Ruhestand gegangen war, hat sie sich den Jugendtraum erfüllt und eine künstlerische Betätigung gesucht und gefunden.

Im unteren Gartenteil fallen eine Sitzgruppe sowie eine überdimensionierte braun gestrichene Gartenbank oder: Häuptlingsthron aus knorrig gewachsenen Ästen ins Auge, die ein Künstler 2009 in einer Ausstellung in den Garten mitgebracht hatte und die bei Fleischers Gefallen fand, sodass sie blieb. Ebenso wie eine Pferdeskulptur von Sylvia Bohlen. Inga Fleischers Skulpturen der Bäuerin mit Kopftuch und des unentschiedenen Wegweisers, ein humoristisches Porträt des Hausherrn durch die Hausherrin, schauen einander von ferne an.

Der schöne Hund Bruno springt derweilen um uns herum. Für ihn ist der Garten auch der geliebte Auslauf. Wann ist der Garten am schönsten, frage ich die Fleischers? »Vielleicht im Mai/Juni, wenn der Jasmin blüht«, meint Inga Fleischer. Horst Fleischer stellt nun noch Bemerkungen über das Alter an: »Früher habe ich viel geschrieben, drinnen, jetzt bewege ich mich fast nur noch im Garten.

Langsam.« Und er bewegt sich mittlerweile vom Frühstückssitzplatz vor dem Haus hinter dasselbe, wo der Mittagssitzplatz ist, wohingegen man sich am Abend am liebsten oben bei der Grotte aufhält. Der Garten ist ein großes Privileg, das wissen beide genau und preisen sich glücklich, dass sie ihn haben – oh ja, er ist auch schwer erkämpft. Zehn Jahre lang lief der Prozess mit den Alteigentümern nach der Wende um Haus und Garten.

Beim Besuch am 27. Juni wird das Porträt der Fleischers gemacht, oben bei der Ruine. Bruno, dessen Mutter eine Berner Sennenhündin war, der Vater ein Mischling, lässt sich ebenfalls gern fotografieren. Horst Fleischer erzählt, dass die Grotten im Garten mit Steinen aus dem früher hier benachbart betriebenen Steinbruch errichtet worden sind.

Als neue Bewohnerin erblicken wir die Eselsskulptur neben der des Rinds und des Schweins: damit ist diese Gruppe im unteren Garten neben dem »Thron« komplett.

Zum Tag der Offenen Gärten am Wochenende zuvor hatten Fleischers etwa 200 Gäste.

MEININGEN

4 Claudia Katrin Leyh und Tom Detlef Nicolmann

Claudia Katrin Leyh ist Bildhauerin und Designerin, ihr Ehemann der technische Direktor des Theaters Meiningen. Im Erdgeschoss des Gründerzeithauses hat die Ideenbrigade, ihr Atelier für Gestaltung, ihren Sitz.

Die Bildhauerin strahlt Energie und Ideenreichtum aus, ist ständig in Bewegung und berichtet, dass sie den Garten erst am Samstag mit ihrem Sohn Leonhard, der eigentlich in Kapstadt lebt, und den Mietern, die seit dem Umzug der Besitzer nach Hermannsfeld in die freigewordene Wohnung im Obergeschoss zogen, in Ordnung gebracht hat: »Der Buchsbaum hat wieder Fasson bekommen, er ist für mich ein sehr wichtiges Gestaltungselement und gibt dem Garten Struktur, wir haben einige Bäume beschnitten und Totholz entfernt.«

Sie weist auf den in dem sehr englisch wirkenden Nordgarten stehenden dreistämmigen Essigbaum, der seine Herbstfärbung angenommen hat: »Ich weiß, dass Essigbäume von manchen Gartenfreunden abgelehnt werden, ich aber liebe ihn sehr. Vor 15 Jahren brachte mir meine Mutter drei dünne Äste mit, die wir als Gruppe gesetzt haben. Heute hat der Baum, steht man in seiner Mitte und sieht nach oben, die Anmutung eines aus Blattwerk gebildeten Gewölbes.«

Es ist sehr feucht und herbstlich heute, auch das liebt die engagierte Gärtnerin, für die der ästhetische Aspekt des Gärtnerns klar im Vordergrund steht. »Als ich das Haus 1991 erwarb, wollte ich den alten Charme dieses Gartens wieder auferstehen lassen. Ich

fand einen Nutzgarten vor, in dem Gemüse angebaut wurde, Kartoffeln und Erdbeeren, neben den Beeten im ehemaligen Rosenrondell gab es vier rostige Wäschestangen mit bunten Plastikleinen und an verschiedenen Stellen kleine Verschläge – es war gar nicht ansprechend. Einige Elemente der alten Anlage waren noch zu erkennen, zum Beispiel die Wegeführung. Ich begann, mir den Garten Schritt für Schritt zu erschließen, plante in Etappen jedes Areal. Ein Garten ist für mich ein Wohlfühlort und kein Abstellplatz für Ungenutztes oder Abfall.«

Heute ist aus dem Grundstück ein romantischer parkähnlicher Garten geworden, in dem auch die alten Obstgehölze ihren Platz behalten konnten. Äpfel hängen reichlich an den Bäumen, einige sind schon gefallen. Der Garten wirkt, als sei er immer schon so gewesen, werfe ich ein, aber als ich die alten Steinstufen bewundere, die nach unten auf den Rondellweg führen, lacht die Bildhauerin und sagt, die habe vor Jahren ihr guter, alter Gartenfreund Karl verlegt: »Er

war überhaupt in all den Jahren die gute Seele des Gartens und ohne ihn wäre mir manches nicht so leicht von der Hand gegangen. Er hatte einfach das richtige Gespür ... und ohne viele Worte haben wir uns dann gemeinsam Schritt für Schritt vorangearbeitet. Ich habe eine ganz bestimmte Wirkung vor Augen, deshalb sammle ich nicht nur alte Steine, sondern auch andere alte Baumaterialien, wenn sie in mein (Garten-)Konzept passen.«

Ihre Bronze »Müder Krieger«, der gesenkten Hauptes in sich zu gehen scheint, wirkt neben dem mit Efeu bewachsenen Haus als Blickfang. Der Sitzplatz dort ist einladend – Haus und Garten bilden eine harmonische Einheit.

»Welche Pflanzen fanden Sie im Garten vor, als Sie kamen?«, möchte ich wissen. Die Künstlerin denkt nicht lange nach: »Es standen hier einige Farne und Bergenien – so habe ich mir die schöne Fassung dieses oberen Sitzplatzes erschlossen, der aus mehreren Bergenieninseln, Farngruppen und Salomonsiegel besteht. Auch gab es ein paar knorrige alte Obstbäume, zwei Birken und eine große Blautanne. Meine Eltern haben unermüdlich aus ihrem alten Garten ausgegraben, was die Chance hatte, wieder anzuwachsen, diesen großen Ahorn hat mein Vater gemeinsam mit einem Götterbaum und einer Kastanie aus dem Parkgarten der Rhön ausgegraben und im Anhänger hierher gebracht, die heimische Erde hatte er gleich dabei, damit die Neuankömmlinge sich wohlfühlen.«

Wir gehen nach unten. Einige Wege sind von Moos überwachsen. »Moos liebe ich, Efeu, Graswege, alte Steine. Morbide wirkende

Situationen. Als ob jemand vor geraumer Zeit den Garten verlassen hat ... doch nicht zu verwildert. Mit wenig kann man viel erreichen in einem Garten.« Zahlreiche ihrer Rabatten sind deshalb pflegeleicht. Hosta wechseln sich darin mit alten Päonien ab. Auf Farben achtet sie sehr, wobei weniger mehr für sie ist: »Weiß zum Grün ist unschlagbar, deshalb gibt es hier viele weiße Rosen, Ramblers in den alten Obstbäumen, Duftrosen an den Rankgerüsten. Die inzwischen ausladende Hosta beeindruckt durch ihre wundervollen Blätter, die blauen Blüten sind eher unscheinbar und wirken so nicht zu bunt.«

Wieder begegnen wir einer Skulptur aus ihrer Hand, dem »Schelm im Moos« von 2003. Die überwiegende Zahl ihrer Arbeiten sind Bronzegüsse. Dicht neben dem »Schelm« an der Gartengrenze führt ein buchsbesäumter Weg zu einer kleinen, romantischen »alten« Laube aus Pinienholz mit verwittertem Kupferdach, die den Garten allerdings erst seit 2003 ziert. »Entweder richtig alt oder, wenn neu, dann in sehr guter Qualität«, sagt sie.

Wir verfolgen den Weg weiter nach unten, dabei begleitet uns der Buchsbaum. Der Blick bleibt an einem riesigen Felsenefeu haften, den sie um einen abgestorbenen Baum ranken ließ, seine bis zum Boden herabhängenden Ranken bilden eine grüne Kathedrale. Claudia Katrin Leyh hat die in England gewonnenen Eindrücke und Erfahrungen in ihrem Garten umgesetzt: »Der oberen Rabatte von Bergenien und Farnen entspricht hier im unteren Parkett eine von Päonien und Hosta. Das ist im Mai ein berauschender Anblick.«

Der Garten ist groß, über 1.750 Quadratmeter, wirkt aber durch seine überlegte Gliederung in verschiedene Ebenen und die links und rechts angelegten »Kabinette« sehr geordnet und romantisch zugleich: »Ich wollte sowohl die englischen Erfahrungen einfließen lassen wie die Parkanlage meiner Kindheit wiedererstehen lassen«, sagt sie, als ich sie nach ihrem gärtnerischen Ziel befrage. Die Künstlerin spricht von zwei Gartenheimaten: »Zum einen war es das Elternhaus in der Rhön, ehemals Rittergut von Wilhelm d'Alleux, das 160 Jahre alt ist. Da bin ich aufgewachsen, meine Mutter, die Gartenarchitektur studieren wollte und der vier Kinder wegen darauf verzichtete, hat damals ebenfalls den großen, alten parkähnlichen Garten am Haus restauriert.« Diesen Park prägten Buxus, Taxus, große Thujen, Hostien, Bergenien, alte Rosen. »Und England ist meine zweite Heimat. Wenn wir auf der Fähre stehen und ich die Kreidefelsen von Dover sehe, geht es mir durch und durch, ich habe ein Kribbeln im Magen und – ehrlich – einen Kloß im Hals.« Sie nennt dann einige der großen Vorbilder englischer Gartenkunst, deren Besuch sie stark beeindruckte: Scotney Castle, Sissinghurst

Castle, Groombridge Place, Stowe Landscape Gardens, Longleat, Stourhead Gardens, East Lambrook Manor, Hestercombe Gardens, jedoch auch Monks House und Charleston House, beides Refugien kreativer Geister, deren Präsenz noch immer stark nachklingt, wie sie sagt.

Obwohl die Gärtnerin einen Teil des Hauses derzeit vermietet hat, ist sie weiter federführend in der Gestaltung des Gartens. Das ist ihr wichtig, sie sagt: »Der Garten ist das Werk meines ›ersten Lebens‹.« Denn sie entwickelt und baut nun, in einer neuen Ehe mit einem ebenfalls kreativen Mann gemeinsam, einen zweiten Garten und ein zweites Haus, das von der Familie des Theaterherzogs Georg II 1885 erbaute Bernhardhaus in Hermannsfeld vor den Toren Meiningens. Dort richtete sie ihr Atelier ein. Beide möchten gemeinsam noch etwas ganz Neues schaffen, was bereits Gestalt annimmt.

Wir betreten den klassischen grünweißen Metallpavillon, dessen Boden ihr Freund Karl vor Jahren mit alten Kalksteinen gepflastert hat. Diese hat Claudia Katrin Leyh, wie so viele Steine auf diesem Grundstück, aus Abbrucharealen gesammelt bzw. aufgekauft: »Alles hier ist meine Gestaltung, ich kannte meinen jetzigen Mann ja damals noch nicht.« Aber gemeinsame Ideen wird sie mit

Ehemann Tom Detlef Nicolmann auch hier noch umsetzen: »Auf dem vor 15 Jahren gebauten und schon vom Efeu eroberten Steinplateau hausabwärts unter der riesigen Blautanne wird eine Ruine entstehen, wie es in Parkanlagen damals durchaus üblich war, etwa im Englischen Garten in Meiningen. Wir haben schon begonnen, alte Steine zu sammeln.«

Es ist ihr zuzutrauen, dass sie zwischen ihren verschiedenen Arbeitsprojekten, den Atelier-, Agentur-, Haus- und Gartenarbeiten, den Ausstellungsvorbereitungen, dem familiären Leben und den Veranstaltungen im Bernhardhaus, für dessen Restaurierung die beiden nicht nur den Denkmalpreis des Landkreises, sondern auch den Landesdenkmalpreis in Erfurt bekamen, auch das noch schaffen wird … Zuletzt weist sie auf ein schattiges Plätzchen, welches sie besonders mag. Zwei alte Bühnenrequisiten erinnern an den Tag, als sie ihren Mann beim Fundusverkauf des Meininger Theaters kennenlernte: ein Stuhl ohne Sitz, ein Tischchen ohne Platte, schmiedeeisern, verwittert, scheinbar stehengeblieben in einer anderen, verwunschenen Zeit: »Solch ein Garten kann mich in andere Welten entführen« – ein Stillleben eben.

HOHENFELDEN

⑤ Hans-Peter und Elke Mader

Seit 1981 leben der Künstler Hans-Peter Mader und seine Frau Elke auf dem Hof, den bis 1945 eine Bauernfamilie bewohnte und später eine LPG übernahm. Sie haben erstmalig den Garten angelegt, den sie gemeinsam pflegen und entwickeln. Schon der Eingangsweg in den langgestreckten Hof ist an den Seiten mit Büschen im Zusammenspiel mit Skulpturen gestaltet.

Sie erinnern sich an die ersten Zeiten hier: So haben sie lange unter recht primitiven Umständen gelebt, allein 200 Tonnen Abraum heraustransportiert, wovon die Volumenhälfte wieder in Form von Pflaster, Kies und Mutterboden hineingebracht wurde. 1995 wurde dann das neue Haus aus der alten Scheune heraus gebaut, hinten, ein Querriegel. An der Längsseite, in den ehemaligen Stallungen für Schweine, Kühe und Pferde, sind die verschiedenen Werkstätten, wo Hans-Peter Mader seinen Raku-Raum bzw. die »Schwarze Küche« und seine Tonaufbereitungsanlagen untergebracht hat, denn er mischt sich seine Tonerden selbst, um verschiedene keramische Techniken zu bedienen, von Raku bis Intarsientechnik. Mader blickt zurück: »Als Keramiker, Kunsthandwerker und Künstler war ich ein Seiteneinsteiger ohne Gesellenbrief. Ursprünglich war ich Architekt an der Bauhaus-Universität in Weimar. Aber 1981 wollte ich dort weg und eine neue Existenz gründen. Möglichst frei.« Ehefrau Elke, ursprünglich Lehrerin für Kunst und Deutsch, folgte ihm, auch sie hat bald ihren Beruf nicht mehr ausgeübt und mitgeholfen in seinem neuen Leben. Sie sagt: »Der Hof, die Arbeit und nicht zuletzt der Genuss dieses Lebensraums, das ist ein Wert, den wir gemeinsam

HOHENFELDEN · Hans-Peter & Elke Mader

geschaffen haben, – darauf sind wir stolz.« Und er ergänzt: »In diesem Kontext hat der Garten eine ganz besondere Funktion, hier können wir uns erholen, einfach mal 10 oder 20 Minuten sitzen und einen Kaffee trinken, die Fische füttern oder die Schildkröte in den Teich setzen ...« Dennoch: Einmal pro Woche bereut er es, hier zu sein. Er sei niemals zufrieden mit einem Gegenstand oder Zustand. Alles könnte immer noch besser und anders sein. Auch der Garten. Wir sind Zeugen neuer Entwicklungen: Gerade werden die Fachungen der Scheune des unmittelbaren frontalen Nachbarn in dem gleichen Blau gestrichen, das Hans-Peter Mader für seine Stallungen im vorderen Teil gewählt hat und das so gut aussieht zu dem dunklen Holz und den Backsteinen: »Eine selbstgemischte Farbe, sehr teuer, da mit keramischem Pigment«, erläutert er.

Wir gelangen in den hinter dem Haus gelegenen Garten durch sein 1984 selbstgebautes Atelier. Urplötzlich kommt man sich wie am Strand vor, der rechte Teil bietet eine kleine Kaffeehaus-Romantik vom Ostseestrand mit Blick auf den Teich: Wo die Koi sich stark reduziert haben und unterschiedliche Goldfischarten zu sehen sind, sowie die herrliche Rotwangenschildkröte Shushu, die gerade über Monate verschwunden war und die die Nacktschneckenausbeute der Gärtner zum Fraß vorgelegt bekommt.

Der Künstler verwahrt sich gegen den Ausdruck »Fengshui-Garten«, den ihm einige Leute beilegen: »Es ist ein gestalteter Garten, im Grunde eine Fortsetzung der Kompartimente des Hauses und der Werkstätten im Außenbereich: und daher auch die zahlreichen Skulpturen, zumeist meine eigenen, sowie Eisenobjekte eines befreundeten Künstlers.« Den Teich hat er ebenfalls selbst angelegt, es dauerte etwa 14 Tage. Das war eine gemeinsame Planung, beim Aushub von Hand hatte er Hilfe. Dieser diente dann dazu, zwei hügelartige Beete im Garten zu begründen. Bei allen größeren Arbeiten hat er Hilfe, aber es sind immer seine Entwürfe und seine Ideen, die Dinge technologisch in den Griff zu bekommen, wie etwa das Pumpsystem des Teichs, den man innerhalb weniger Tage wieder ganz klar bekommen kann, sodass man gern hineinspringt. Im Teich hat er erst eine Lehmschicht aufgebracht, danach Teppiche verlegt, darauf die Teichfolie.

Ich frage nach den Entwürfen. Gibt es die auf Papier? Nein, so betreibt er das nicht, sondern versucht heute noch – nichts ist fertig – verschiedene Erlebnisräume zu gestalten. Da der Garten klein ist, nur 321 Quadratmeter, 12,30 Meter breit und 24 Meter lang, muss das so sein: »Diese Räume sind nach Gegensatzpaaren organisiert, hoch und niedrig, klein und groß, stachlig und weich ... und so

Hans-Peter & Elke Mader ◆ **HOHENFELDEN**

weiter. Ursprünglich sollte es ein japanischer Garten werden, aber man musste Kompromisse machen. Nicht alles wächst hier. Und so streng gestaltet sollte er ja nicht sein.«

»Ja, wir leben auch hier draußen«, bestätigt Elke Mader, »wir schlafen sogar im ›Ostseeabteil‹, wenn es möglich ist.« Und beide sagen, sie haben den schönsten Arbeitsplatz der Welt, mit kurzen Verschnaufpausen im Garten. Der Lieblingsplatz befindet sich direkt hinter dem Teich, auf einem kleinen Mäuerchen, mit der Stele vor sich, auf der man den Espresso abstellen kann ...

Ich frage nach den beiden riesigen keramischen Fässern mit 1.000 Liter Fassungsvermögen. Diese wurden 1982 hier bei den Gartenarbeiten gefunden und stammen aus den 1970er-Jahren, als der Hof eine LPG beherbergte: In den Fässern wurde Kälberfutter siliert. Heute bewahrt Hans-Peter Mader einen Wasservorrat darin auf. Er zeigt noch die kommunikative Ecke zum rechten Nachbarn, ein Zaunstück, das nicht bewachsen ist und wo man miteinander sprechen kann, über den Zaun hinweg: Das muss sein, findet er. Mader reflektiert sein Leben: Als Kunsthandwerker und Künstler hat er eine Nische gefunden, und die Wende war beruflich kein Problem

für ihn, weil er sich nicht zu schade war, Aufträge anzunehmen, die rein zum Geldverdienen dienten. Und weil er sofort aufgebrochen ist und internationale Ausstellungen machte. Bis heute. Vieles mit seinem im Hof geparkten Wohnmobil. Und wie den Garten bewältigt das Paar auch diesen Part gemeinsam.

Alles muss immer weiter gehen. Alles soll sich verändern, das ist Hans-Peter Maders Credo. Im Garten soll in diesem Jahr noch ganz hinten ein neuer Sitzplatz entstehen – mit Blick über den gesamten Garten und das Haus. Nächstes Jahr werden einige behindernde Bäume gefällt. Ich frage nach der Aufgabenverteilung im Garten und siehe: Das Paar hat nicht die Aufgaben unter sich aufgeteilt, sondern den Garten. Der rechte Teil (von hinten) ist eher Elke Maders Teil, die die Rosen besonders liebt, für den linken ist Hans-Peter Mader zuständig. Mehrfach fällt im Zusammenhang mit dem Garten das Wort vom Lebenswerk. Zum Thema Rosen

bemerkt der Künstler noch, dass er sich mit ihnen anfänglich gar nicht so gut anfreunden konnte, da waren es zwei oder drei Stämme. Inzwischen aber (nun sind es 18 bis 20) hat er die Rosen in sein Gartenbild integriert.

Am 14. Juni sehen wir Neues im Garten: Das blaue Fachwerk des Nachbarn ist fertig und der hintere Platz wird neu angelegt. Es fällt die üppige Margareteninsel mit den ›Margarethen‹ auf, den kleinen Skulpturen des Künstlers. Hans-Peter Mader weist auf ein bewusst zerstörtes Schalenelement im großen Hochbeet hin: eine Arbeit von ihm mit Namen ›Der Zerstörte Mikro-Makro-Kosmos‹. Ebenfalls interessant ist der etwa 500 Jahre alte Eichenriegel aus einem alten Schloss, ein Konstruktionselement, in das er verschiedene kleine Skulpturen eingebracht hat: »Altes Holz fasziniert mich, ich sammele es in Abrisshäusern und will damit auch Skulpturen machen.« Schön sind ›Philemon und Baucis‹ im alten Silagefass,

umwachsen von Hornveilchen. Die etwa 25 Jahre alte Goldrobinie steht seit etwa 15 Jahren an diesem Platz, ein Baum, um den sich Maders viel sorgen. Sie haben schon oft Äste aufpfropfen lassen... Am Zaun zur linken Seite blüht wunderschön eine Weigelie, sie sei sehr anspruchslos und blühe zweimal im Jahr, sagt Frau Mader.

Beim Tag der Offenen Gärten haben sie wieder mitgemacht, sagen sie. Ich interessiere mich für die jetzt blühenden Rosensorten, Frau Mader kramt in ihrer Etikettenschachtel und liest vor: ›Pomponella‹, ›Marie Curie‹, ›Europeana‹ . Wir sitzen inzwischen am Tisch neben dem Teich, trinken Espresso und füttern die Goldfische und den großen Koi ... sie sind beide Wassermenschen, sagen die Maders, das brauchen sie, und sie wollen dereinst im Meer bestattet werden.

Auch hier im Hochbeet geben eine Blasenspiere und ein dunkler Perückenstrauch sehr schöne Kontraste zu den zarten Rosenfarben, dem Grün der Lebensbäume und dem grünen Bodendecker. Wir versprechen, im September wiederzukommen, wenn der Wein gefärbt ist am Haus.

Anfang September ist es bei unserem Besuch noch nicht ganz so weit, Maders sind gerade erst aus dem Urlaub gekommen. Frau Mader wundert sich über die zweite Blüte der alten englischen Rosensorten in diesem Jahr. Die Rosen litten unter Sternrußtau, wegen der großen Feuchtigkeit, mit Spritzen hat sie es da schon versucht, es hatte aber wenig genutzt. Die Weigelie blüht zum zweiten Mal ... und die Skulpturen sind nun zum Teil schon 20 Jahre lang hier im Garten, ja sicher, auch im Winter.

»Das Wachstum ist enorm«, meint Herr Mader, »vor dem Urlaub haben wir die Akazie geschnitten, das ist drei Wochen her, nun ist der Schnitt schon unerkennbar.« Bald blühen das Pfaffenhütchen und der wilde Wein, den sie schon 20 Jahre am Haus ranken haben. Vor zwei Jahren war er komplett zurückgeschnitten worden, nun steht er bereits wieder in voller Pracht.

Hans-Peter Mader stellt sich vor, dass er, wenn er nicht mehr für sein Geld so viel arbeiten muss, neben der Gartenarbeit endlich wieder malen und zeichnen möchte ... aber vorstellen, dass es in seinem Garten einmal ›fertig‹ ist mit dem Tun, dem Umgestalten, dem Neumachen – das kann er sich nicht. Und ich mir auch nicht.

RUDOLSTADT / DEBRAHOF

6 Jess Fuller

Seit 2000 lebt Jess Fuller mit ihrem Mann und mittlerweile zwei Kindern, 10 und 13 Jahre, auf dem Debrahof im ehemaligen Debratal. Die Debra ist ein kleiner Fluss, und Debra heißt ›enges Tal‹. Das ist sorbisch, so kommen wir gleich in Kontakt mit der Geschichte dieser Gegend.

Jess Fuller ist Bildhauerin und Landschaftsarchitektin und kombiniert die beiden Arbeitszweige – bei ihr gehen, so erklärt sie, wie bei jedem Künstler, Arbeit und Hobby ineinander über.

Der Garten am Haus, den sie zuerst an diesem Märztag zeigt, ist ein Labyrinth in Form des dreiköpfigen Drachen, vor fünf Jahren angelegt in Spiralform mit mehreren kleinen Beetparzellen. Einige Pflanzen wachsen darin besser als andere, bzw. wachsen nicht an allen Stellen alle Pflanzen gleich gut, so der Thymian, dem nur der vordere Teil gefällt. Die Kinder dürfen mitgestalten, aber nicht immer ist das, was sie tun, auch zielführend. So kann das Ausschütten einer ganzen wilden Samenmischung nicht zu einem Ergebnis führen, das den Farbsinn befriedigt. »Das sind aber Lernprozesse«, sagt Jess Fuller und freut sich, dass die Töchter gern im Garten sind und allein oder gemeinsam mit ihr Projekte entwickeln. Ein Prinzip ihres gärtnerischen Tuns erklärt sie gleich: »Da ich einen anstrengenden Beruf habe, der mich auch viel von Rudolstadt wegführt, habe ich beschlossen, dieser Garten soll nicht viel Arbeit machen, sondern vorwiegend Spaß.« Das Unkraut stört sie natürlich, das durch den Kies der Labyrinthwege lugt, es muss ausgerissen

werden ... und wenn sie mal Zeit hat, kommt vielleicht ein Mosaik. Die Zeit ist ein Problem, und die vielen Projekte. Hier und anderswo.

Der Schaukelstuhl im Labyrinthgarten ist natürlich ebenfalls ein eigenes Kunstwerk zum Benutzen, und neben dem Haus, auf dem Weg zum ›großen Garten‹ steht noch ein kleines Haus in einem schmiedeeisernen Käfiggezäun, ein Kunstwerk, das auf der Landesgartenschau einen Preis gewonnen hat. Sie äußert es bescheiden, so nebenbei ... und zeigt uns eine Rose, die mit einer Weide, die noch beschnitten werden muss und eigentlich als Korb angelegt werden soll, verbunden wurde und sich zu einem Natur-Kunstgebilde entwickeln soll.

Das ehemalige Debratal war wohl ursprünglich parkartig angelegt, wurde aber durch eine Hausmülldeponie zu DDR-Zeiten verschandelt. Diese ist jetzt bewachsen und als ein Berg unweit des Hauses deutlich erkennbar, wirkt jedoch beherrschend.

Es war ein längerer Verstehensprozess für die Bewohner von Rudolstadt, dass man nicht mehr in unmittelbarer Nähe des Debrahofs seinen alten Schrott deponieren durfte. Was durchaus verführerisch war, da früher eine Straße mitten durch das Grundstück führte. Heute ist das ein Rasenplatz, in den sie den vormaligen Rosengarten des Altersheims, das der Hof auch einmal war, umgewandelt haben. Jess Fuller und ihr Mann orientieren sich an naturbezogenem Denken und an den Prinzipien der Permakultur. Zudem haben sie die alten Chroniken gewälzt und folgendes erfahren: Das erste Gebäude des Debrahofs hat es hier im 16. Jahrhundert gegeben. Es war im Lauf der Zeit einmal ein Heim für schwererziehbare Jungen und schließlich ein Altersheim mit Selbstversorgung über eine Gärtnerei auf dem Grund, den wir jetzt betreten, hinter dem Haus, ein paar Schritte bergauf. Das gesamte Grundstück umfasst 2½ Hektar. Auf solch einem Terrain kann es durchaus mehrere Gärten geben, und in der Tat: Die erstaunlichsten ›Projekte‹ haben sich auf den Flächen bereits verwirklicht und werden durch das Ehepaar selbst, wie auch immer wieder durch Studenten, die als Praktikanten mal einen Sommer oder Winter auf ihrem Hof verbringen, realisiert. Eine Regel gibt es, und zwar: Alles muss mit Naturmaterialien gemacht werden und einen Bezug zur Landschaft aufweisen. So integriert sich etwa das im Entstehen begriffene Baumhaus, das sie für und mit den Töchtern errichtet hat. Am Feldrain, der Grundstücksgrenze, steht der fröhlich in den Farben strahlende Zirkuswagen mit bodenlangen Glasfenstern, ein Areal mit eingepackten Pflanzen, Rosen wahrscheinlich, ist abgesteckt: Hier wohnt ein Artist in Altersruhe, vermute ich. »Nein, es ist eine Rudolstädter Freundin, die

selbst in einer kleinen Wohnung lebt, ohne Garten, und hier gerne Wochenenden verbringt.« Digger vergaß ich zu erwähnen, das zehn Jahre alte Hängebauchschwein, das einen riesigen Pferch sein eigen nennt. Daneben befindet sich ein weiteres Labyrinth, aus Holzpfosten und Weiden, die schon ihren Frühjahrsschnitt erhalten haben.

Jess Fuller weist auf die Abgrenzung ihres Grundstücks in Richtung Deponie durch alte Eichenstümpfe: Diese hatten gefällt werden müssen wegen der Deponie, und sie bekam sie geschenkt von den Arbeitern. Es würde ihr gefallen, Kunstobjekte daraus zu machen, aber sie seien viel zu vollkommen, um bearbeitet zu werden. Dann zeigt sie uns die ›Beereninseln‹ mit Schieferplatten als Trittsteinen dazwischen, die ihr Mann angelegt hat. Für Beeren und die vielen Kürbisse ist er zuständig, die Marmelade macht sie. Wir kommen in den Bereich des Schaukelbetts, das zwischen zwei Bäumen aufgespannt ist. Jess Fuller schwärmt: »Wenn der Sternenhimmel dein Dach ist, dann ist das wunderbar. Nur im August braucht man ein Moskitonetz, ansonsten ist es für uns vier einfach traumhaft.« Nun kommen wir zum Garten ›Grube‹: Einst haben sie hier Lehm gestochen, richtige Briketts, daraus haben einige der französischen Studenten ein Projekt entwickelt, um eine Mauer für den Gemüsegarten zu bauen. Und außerdem sollte das Gelände welliger, vielfältiger werden, damit die Kinder besser spielen konnten. So verändert sich der Garten in dem Maße, wie die Kinder wachsen. Sie zeigt uns den ehemaligen Sandkasten: Den brauchen die beiden jetzt nicht mehr. Wir kommen zum Birkenhain, die Birken sind zehn Jahre alt und schon recht groß, sie haben sie einst selbst gepflanzt. Dahinter lädt eine große Feuerstelle mit niedrigen Sitzbänken im Kreis ein, und Jess Fuller erklärt uns die Banja, einen weißrussischen Import, die Schwitzhütte, in der im Feuer glühend gewordene große Steine mit Wassertropfen besprenkelt werden.

Die wachsenden Stühle müssen jetzt auch noch gezeigt werden in dem kleinen Weidenhain: nach einer Idee von Richard Reames, dem König der nachwachsenden Möbel. Hier sind gerade zwei am Wachsen: »Wir werden ihre Ernte wohl noch erleben«, meint Jess Fuller. Eine Schablone ist zunächst die Wachsvorgabe für die Weidenruten, die regelmäßig beschnitten werden müssen und dann an bestimmten Punkten zum Zusammenwachsen genötigt werden. In einem Buch zeigt sie uns am Ende, wie solche Stühle aussehen, die man ernten kann. Im Internet kann man es unter *arborsmith.com* schön sehen. Und die ganze Kunst nennt sich Arbor-Sculpture. »Das ist etwas, was weitergetragen werden soll«, sagt sie, »da stiehlt man keine Idee, wenn man es nachahmt. Beim Beschneiden sollten die Mondzyklen berücksichtigt werden. Dann steigen die Säfte nicht nach oben, sondern nach unten, das ist gewünscht. Und jeden Monat muss ein Schnitt erfolgen.«

RUDOLSTADT/DEBRAHOF • Jess Fuller

Am Schluss kommt noch der Gemüsegarten in unseren Blick, hinter dem Haus, neben den Materialschuppen, wo das Lindenholz für die Bildhauerei trocknet und wo Metall und Glas lagern.

Es wird langsam herbstlich, Anfang September ist es, als wir uns wiedertreffen. Der kleine Labyrinthgarten vor dem Haus mit seiner durch cremefarbene Tontöpfe bezeichneten Spirale gefällt ihr noch nicht hundertprozentig. Sie würde gern statt des Kieses alte Steine auf den Wegen einbringen, aber das Zeitproblem macht weiterhin oft ihre Pläne zunichte… wer weiß, wann sie es realisieren kann.

Jess Fuller ♦ **RUDOLSTADT/DEBRAHOF**

Über die Malven dort freut sie sich, sie hat sie auf Rat ihrer Freundin Annett Kammel[2], die hier oben einen Nutzgarten pflegt, im Mai herunter geschnitten, nun entfalten sie sich prächtig.

Die Hälfte des Hauses gehört ihr und ihrem Mann, sie bewohnen ihren Teil mit den beiden Töchtern und meistens noch einem oder mehreren der *wwoofer*, das sind die Freiwilligen aus dem Netzwerk *worldwide workers on organic farms*. Oft sind es Studenten, die Landschaftsarchitektur oder Agronomie oder ähnliches studieren, manchmal aber auch Künstler. Die Kinder fahren täglich mit dem Fahrrad sieben Kilometer nach Schwarza in die Schule, kein Problem, im Winter fahren sie mit ihrem Mann, der ebenfalls dort arbeitet. Vor dem Labyrinthgarten schauen wir uns jetzt nochmals die in die Saalweide verflochtene Rose an: Beide Pflanzen wachsen zusammen, das ist eindrucksvoll.

[2] Annett Kammel pflegt den Garten im Freilichtmuseum Rudolstadt, der in Band 1 ›Historische Gärten‹ dieser Reihe ab S. 76 vorgestellt wird.

RUDOLSTADT/DEBRAHOF ◆ Jess Fuller

Auf dem Weg zum Feld, dem »großen Garten«, bestaunen wir im Gemüsegarten die 2,50 Meter hohen Sonnenblumen, die Kohlköpfe, den Salat und die Stangenbohnen.

Wir kommen am blühenden Komposthaufen vorbei und an den fast nicht mehr als solchen erkennbaren wachsenden Stühlen. Jess Fuller will alle Triebe, die Blätter haben, abschneiden.

Bei dem Platz mit der Feuerstelle und der Banja gibt es jetzt ein paar Treppenstufen, eine Art neuer Raum hat sich da gebildet, den die Familie im Augenblick sehr schätzt. Neben Diggers Pferch und dem Weidenlabyrinth, das üppig wuchert, gibt es nun ein Kunstwerk in Zusammenarbeit von Jess Fuller und Gabriel Weise, dessen Spezialität *cork-art* ist: Das sind Wände aus Flaschenkorken, die zu Teppichen verknüpft wurden und an einem doppelten Gestell aus rostigem Eisen befestigt sind.

Jess Fuller • RUDOLSTADT/DEBRAHOF

Wir sehen heute die Buchstaben, die am Feldrain in die Eichenstümpfe geschnitten wurden: DANKE lesen wir, das war auch ein Projekt von Jess mit ihren *wwoofern*. Die jungen Leute wollten der Natur ihren Dank abstatten, sie sind dankbar, dass es sie gibt. Und noch ein Stück weiter, wo das Grundstück an die Mülldeponie grenzt und wo es immer so stark roch, da ist das Projekt »Ausatmen« aufgestellt worden, das schon von Bohnen umrankt wird. Diesmal sind es Metallbuchstaben auf langen Stäben … die jungen Leute suchten ein deutsches Wort, das dem englischen »Relax« entsprach, das war dann: »Ausatmen«.

Einige neue Streuobstbäume sind gepflanzt worden. Und auf dem Rückweg meint Jess Fuller, die übrigens auch das Netzwerk Offene Gärten für Rudolstadt organisiert, nachdenklich: »Wenn man der Natur eine Chance gibt, macht sie selbst die tollsten Sachen.«

KAPELLENDORF

⑦ Petra Töppe-Zenker

Die Keramikerin Petra Töppe-Zenker wohnt im ehemaligen und ausgebauten Backhaus des Dorfs aus dem 19. Jahrhundert, das die Bewohner gemeinschaftlich zum Brot- und Kuchenbacken nutzten. Ihr Mann Falk Zenker, Musiker, hat das Fundament des großen Ofens zum eigenen Arbeitszimmer verwandelt.

Ursprünglich wollte sie Lehrerin für Deutsch und Kunstpädagogik werden, doch ein Jahr vor der Wende beschloss sie, das Studium abzubrechen und eine Lehre als Keramikerin zu beginnen, die sie in Saalfeld und Naumburg absolvierte. Nach anderen Stationen landete sie, als ein in Merseburg und Goseck aufgewachsenes »Saaleweibchen«, in dieser Gegend, jetzt mit ihrem Mann. Zwei Kinder gibt es, 13 und 16 Jahre alt.

Unsere Gärtnerin bewirtet uns eingangs mit einem leichten, wohltuenden Kräutertee aus ihrem Gartenanbau: Ich schmecke Zitronenverbene, Minze (drei Sorten) und Zitronenmelisse, sie verwendet aber auch etwas, was ich nicht heraus schmecke, nämlich ein Blatt Weinraute.

Der Garten ist nicht der Hausgarten, welcher klein ist, sondern ein etwa 150 Meter entfernter großer ehemaliger Nutzgarten eines anderen Hauses. Die alte Besitzerin hat ihn dem Ehepaar verkauft, weil sie ihn nicht mehr bewältigen konnte. Damals war er extrem verwildert. Holunder überall. Doch konnte sich so der Boden in diesem Garten »ausruhen«, wie man unserer Gärtnerin sagte. Mit dem Wort »Duftboden« konnte sie allerdings nicht viel anfangen. So verstand sie das Wort, das die Nachbarn ihr erklärend zu der kalkigen

Tufferde hier übermittelten. Die Lage des Gartens auf dem Kalkstein berührt sie, weil sie von einer bedeutenden Naturgeschichte zeugt: »So viel gelebtes Leben, abgelagert im Urmeer zu vielen Schichten. Mineralisiertes Leben trägt mich und meine Familie. Eine feste Scholle, deren Ausstrahlung licht und freundlich ist. Der Boden birgt aber auch viel verlorenes Leben«, sinniert die Gärtnerin und meint damit zum Beispiel 1806, die napoleonischen Schlachten. Sie, die von Kinderbeinen eine Beziehung zu Kalkstein und seinen verborgenen Schätzen erkennen durfte, sieht sich und ihren Namen »Petra«, was ursprünglich »Stein« und »Felsen« bedeutet, gut in Kapellendorf beheimatet. Der Garten, in der Familie »Zauberwald« genannt – ein Name aus der Kleinkindzeit der beiden Kinder –, spielt in diesem Zusammenhang eine sehr wichtige Rolle.

Ursprünglich war der Garten ein ganz typischer thüringischer Bauerngarten, Nutz- und Ziergarten gemischt, wobei der Nutzen eindeutig im Vordergrund stand. Ganz wichtig war die Einfassung durch regelmäßig auf Kopf geschnittene Eschen, Weiden und Haselsträucher. Die neuen Zweige der Eschen wurden Feuerholz oder zu Werkzeuggriffen verarbeitet, die dünneren Weiden- und Haselzweige dienten zum Flechten. Die Erfahrung mit dem Klima und dem Terrain schlug sich in der Gartenstruktur nieder: Die Nordseite des Gartens war mit Pflaumenbäumen bestanden, die mit ihrem dichten Laubwerk die kalten Winde gut abhielten. Die einzelnen Nutzabteile waren durch eine Fliederhecke und Buchsbaum voneinander getrennt.

Der heutige Garten mit seinen hochgewachsenen Obstbäumen, von denen man nicht mehr ernten kann, auch die baumhohe Buchsbaumhecke und einige Rasenplätze sind ein Kompromiss, geschuldet der Familien- und Berufssituation unserer Gärtnerin. Sie sagt, dass sie sich in und mit dem Garten entwickelt hat. Sie ist ja mit einem Garten aufgewachsen, damals jedoch, im elterlichen Garten, war es Pflicht mitzuhelfen. Von Freude war damals nie die Rede. Einige dieser Arbeiten begann sie traditionell auch hier, doch aufgrund ihres Engagements für den Beruf sei es einfach nicht möglich gewesen, wie es einst üblich war in einem solch großen Garten von 3.000 Quadratmetern, regelmäßige Arbeiten zu gewährleisten. Insofern musste sie Abstriche machen und hat den Garten im Laufe der Zeit umgedeutet: »Der Zauberwald wird von mir romantisch gesehen und ich tue gut daran, ihn auch so zu behandeln. Er verweigert sich mir, will ich mit Macht ihm Gewächse abverlangen. Ich habe ein Einvernehmen mit ihm: Ich pflege ihn, so gut ich kann und er gibt mir das, was von alleine am besten wächst. So nehme ich den

Garten, seine Bewohner und Gewächse als Gleichnis und als Realität, diese sind zu genießen, manches davon zu essen.«

Es ist nicht mehr der Nutzgarten, in den man ganz viel Zeit investieren muss, um viel aus ihm zu ernten. Der stille Rückzugsort schenkt ihr viele Pflanzen, mit denen sie früher nur im Sinne eines Unkrauts umgegangen war: Brennnesseln etwa munden der Familie im Frühling in Suppenform, auch Giersch, als Spinat zubereitet, ist ein Hochgenuss. Hopfensprossen, gekocht mit Butter und mit Salz serviert, nehmen es mit Spargel auf. Aus Holunder macht sie in Verbindung mit Nelken, Zimt und Trockenfrüchten in mindestens einer halben Stunde Köchelzeit einen dicken, schweren Sirup, den sie, durchs Sieb passiert, heiß in Flaschen abfüllt und zu Süßspeisen oder Wildgerichten serviert, gern auch mit Rotwein versetzt.

Eine Hängematte wird erst im Winter ganz hereingenommen. Hier legt sich Petra Töppe-Zenker gelegentlich zum Mittagsschlaf hin. Die ganze Familie, nicht nur die Gärtnerin, lebt in diesem Garten unweit des Hauses. Das rustikale kleine Baumhaus dient im Sommer allen Vieren zum luftigen Übernachtungsplatz. Die Feuerstelle und der schöne Sitzplatz erzählen von stimmungsvollen Mahlzeiten mit Blick auf die Burg von Kapellendorf.

Falk Zenker übt seine neuen Stücke sehr gern im Garten auf einem Stuhl. Sohn Anton hat sich ein Trampolin (ganz groß!) gewünscht, es erhalten und verbringt ganze Nachmittage darauf. Clara lädt gern eine Freundin ein zum Schwatzen. Und der Garten verändert sich in dem Maße, in dem die Kinder wachsen. Bald wird die Bude von Anton, die er lange schon nicht mehr benutzt, weichen. »Ich möchte hochstämmige Apfelbäume hier haben stattdessen«, sagt Petra Töppe-Zenker. Sie ist stolz auf ihr perfekt gestapeltes Eschenholz. Alle vier trainieren daneben regelmäßig, auf einem etwa 30 cm über der Erde gespannten Seil zu laufen. Eine gute Übung für Körper und Seele, bei der man sofort spürt, ob man im Gleichgewicht mit sich selbst ist.

In jeder Jahreszeit gibt es einen Höhepunkt: Den Winter schätzt Petra Töppe-Zenker, weil die Schneedecke die Besucher des Gartens, die Tiere, durch ihre Fährten sichtbar macht. Da will sie gar keinen eigenen Lärm machen und einfach nur mal schauen, wer wieder da war. Die Igel, die Hasen, die Vögel, auch mal die Waschbären. Im Frühling sind es die Aromen, die sie in Bann schlagen. Nach schwerer, guter Erde riecht es da und frischen Kräutern. Der Frühsommer dann mit seinen unterschiedlichen Grüntönungen im Laub spricht wieder das Auge besonders an, und im August erfreut sie sich an den Knoblauchspiralen, bevor sie die große Ernte

einfährt. Immer aber ist der Sonnenuntergang bewegend für sie im Zauberwald genannten Garten über dem Mühlengraben.

Das Paar hat inzwischen erneut, so wie es früher hier war, einige der Eschen am Zaun auf Kopf gesetzt. Das Eschenholz ist vorzügliches Brennholz, vor allem, wenn man es noch ein paar Jahre liegen lässt. Das Baumhaus beschauen wir uns nun mal näher. Das ist Falk Zenkers Idee gewesen: Ein wachsendes Baumhaus auf insgesamt fünf nebeneinander stehenden Eschen. Irgendwann wird es ein Turm, meine ich. Dann machen wir einen neuerlichen Rundgang, schauen auf die Wasserburg und betrachten den sonnigen Abhang, auf dem unsere Gärtnerin eigentlich ihre Beete für Gemüse angelegt hat. Doch die Kornelkirsche, deren Äste sie dafür beschnitten hatte, hat ihr durch ungeheuren Wuchs klargemacht, dass sie just dort bleiben wollte, und nun sollen eher die Beete ihren Platz verändern. Das, meint sie, sei eigentlich kein gärtnerischer Standpunkt, aber sie ist von einem überzeugt: »Pflanzen sind lebendig und man kann mit ihnen kommunizieren.« Ihr eigener Gartenentwurf ist der: »Ich beobachte, was hier sein möchte. Ich genieße die Stille, die Farbschatten, die Gerüche, die Tiere. Die Fledermaus kam neulich so ganz dicht zu uns, als wir in der Dämmerung saßen. Das sind

Gesten. Von der alten Pflaume, die in einem Gestrüpp aus Buchs, Thuja und Clematis verwachsen ist, erhalte ich jährlich 20–30 allerköstlichste Pflaumen geschenkt. Die sind es.« Beerensträucher möchte sie noch mehr pflanzen und sieht den Garten wie eine Anthologie kleiner Gedichte: Hier ein Verslein, dort eines … ihr Vater war schon Gartenfreund. Und daher spricht sie im Garten manchmal mit ihrem verstorbenen Vater.

Am 13. August sind wir wieder in Kapellendorf und essen gemeinsam den ersten der fünf Klaräpfel, der allerersten Ernte von dem zwei Jahre alten Baum. Der Apfel schmeckt köstlich. Die Zahl fünf spielt heute auch eine weitere Rolle: Die erst ein Jahr alte Katze Minouche hat vor wenigen Tagen fünf reizende Junge geworfen. Im Garten sehen wir die gelbblauen Pflaumen des ›Geschenkbaums‹. Der neue Pflaumenbaum ist gegen Schädlinge resistent und trägt schon. Leider sind bei den Frühjahrsstürmen zwei alte Walnussbäume gefallen. Vielleicht wird Petra Töppe-Zenker ein Feuer machen zu ihrem Geburtstag im Herbst.

Wir betrachten die neue Tischtennisplatte, die die korrekten Turnier-Abmessungen hat. Wieder ist der Sockel aus Europaletten, die Platte besteht aus Schalungsbrettern. Erneut spricht sie über

den Kornelkirschbaum: Er will offenbar nur unten wachsen, oben wird er immer lichter. Sie lässt ihn, er darf sich selbst entfalten wie er möchte. Was sie noch vorhat im Garten? Ja, einen Räucherofen für ihre Keramik hier errichten: Der wird einen Schmauchbrand möglich machen, damit möchte sie gern experimentieren. Im Gehen zupft sie etwas Brennnesselsamen ab und isst davon, auch wir probieren: Sie sammelt und trocknet ihn, um ihn über Suppen und Salate zu streuen, das ergibt einen feinen nussigen Geschmack und ist sehr eiweißhaltig.

Am Schluss spricht sie noch über das neue Wegenetz um Kapellendorf, welches von dem kleinen Dorfverein, dem sie angehört, wieder eingerichtet wurde, mit Wegweisern und Flurnamen. So kann man sich drei verschieden lange Wege um Kapellendorf erschließen. Es ist ihr wichtig, hier verankert zu sein, im Haus, im Garten, im Dorf und in der weiteren Flur um Kapellendorf.

RHODA (bei Erfurt-Möbisburg)

Claus D. Worschech

Der Architekt Claus D. Worschech ist am Silberblick der Gärtner. Es ist sein selbst entworfener und bis auf wenige alte Bäume vollständig neu geschaffener Garten auf einem sanft nach Süden abfallenden Grundstück, den wir sehen. Seit 12 Jahren pflegt er ihn unter Mithilfe von Familienangehörigen und Freunden auch selbst. In den Monaten Mai und Juni begrüßt der abwechslungsreich und harmonisch nach erkennbaren Prinzipien gestaltete Garten seine Besucher in seiner Hochphase. Doch auch im Herbst ist er mit der Laubfärbung sehr reizvoll. Scheinzypressen und -Pinien, Buchen, Linden, Ahorn und Kastanien sind die prägenden Baumarten, neben Walnuss, Kornelkirsche, Eiche, Trompeten- wie Tulpenbaum. Ein Eisenbaum findet sich ebenfalls. Und da der eigentlich bevorzugte Rhododendron hier nicht wächst, ist man im Eingangsbereich auf Kirschlorbeer ausgewichen. Viele weitere Elemente der Gartengestaltung finden sich, wie Staudenflächen, Bodendecker, Gewürz-, Obst- und Gemüsepflanzen, ganz verschiedene Sitzbereiche, Illuminationen, Schattenelemente und mehr. Auffällig und charakteristisch zugleich sind die Terrassierungen und daraus abgeleiteten gestalterischen Schichtungen von horizontalen und vertikalen Elementen gebauter und gewachsener Art. Auch harren einige Kunstobjekte ihrer Entdeckung, während andere direkt in den Blickachsen oder grünen Räumen aufgestellt sind.

Das Land des heutigen Familiengrundstücks entwickelte vor etwa 200 Jahren ein prominenter Erstbesitzer. Die Hausgeschichte ist spektakulär: Johann Gottfried Silber, ein erfolgreicher

Posamentenhersteller aus dem preußischen Erfurt mit Firmensitz am Junkersand – im Angermuseum kann man das ›Junkersandzimmer‹ aus dem heute nicht mehr existierenden Stammhaus besichtigen – ließ 1824, vermutlich beeindruckt von den palladianischen Villen, die er als Kaufmann auf seinen Reisen nach England und Italien sah, im damals zum Herzogtum Sachsen-Coburg-Gotha gehörenden Rhoda das Haus im klassizistischen Stil erbauen. Es entstand ein Landhaus, ursprünglich von 30.000 Quadratmetern Park umgeben und mit einer Kirschbaumallee als repräsentativem Zugang am südlichen Hang versehen. 1861 wurde das Haus nach seinem Tod von der Tochter verkauft, deren Spuren sich verliefen. Fortan als Schankwirtschaft genutzt, kam es in den Folgejahren zur Errichtung einer Gebäudeerweiterung in östlicher Richtung und mit annähernd gleicher Kubatur wie die Villa selbst, dort, wo sich heute der daran erinnernde Parterregarten befindet: in Räume gegliederte Buchsbaumkompartimente, bei denen es sich der Hausherr als Gärtner nicht nehmen lässt, diese selbst zu schneiden. Das ist jedes Jahr viel Arbeit, allerdings mit Freude über das Ergebnis. Die Holzständerkonstruktion der ehemaligen Erweiterung mit einem großen Saal im Obergeschoss diente einst den Gesangsvereinen und sicherlich vielen Festen. Claus Worschech fand den Anbau

beim Kauf noch vor und war von dessen Innenraumgestaltung beeindruckt. Gleichwohl befand sich dieser in derart marodem Zustand bis hin zur Einsturzgefahr, dass er ihn nach ausgiebiger Befundung und denkmalpflegerischer Dokumentation zurückbauen musste. Statt dessen gelang ihm ein nördlicher, konsequent modern gefasster Erweiterungsbau für die rekonstruierte klassizistische Villa, der mit seinen großzügigen Glasflächen das Wintergartenthema aufgreift und die Strenge der klassizistischen Tektonik neu interpretiert. Zahlreiche Innenwände wurden als Lehmbauwände ausgeführt, denn Lehm dämmt gut, ist schallisolierend und sorgt für ein ausgleichendes Raumklima.

Als wir die Treppe hochgehen, um den Blick auf den Garten von oben zu genießen, erfahren wir noch, dass Bismarck einmal hier zu Gast war, 1878, also schon zur Zeit der Schankwirtschaft. Die Erinnerungsplakette an diesen Besuch, von deren Existenz er gehört hat, ist allerdings verschwunden. Es kam durch die ehemaligen Wirtsleute auch zur Umgestaltung des südlichen Gartenteils, denn das Ausflugslokal wurde von den 1860er-Jahren an (bis 1958) vor allem im Sommer gern von Erfurter Gästen aufgesucht. Die von Silber angelegte Allee verschwand und eine Terrasse mit Baumraster aus Linden und Kastanien entstand, wovon einige noch heute daran erinnern.

Der Schankwirtschaftsbetrieb wurde 1958 eingestellt und das Grundstück an einen Betrieb verkauft, der es fortan nur noch als Lager nutzte. Als der Architekt das kaum mehr als klassizistische Villa identifizierbare Haus entdeckte und sich zum Grundstückserwerb entschloss, fand er eine Wildnis vor, in der nichts außer den wenigen alten Bäumen auf die ehemalige Gartengestaltung verwies. »Zuletzt war hier eine Firma für Losbudenbedarf ansässig, im Volksmund als die ›Tombola‹ bezeichnet, aber zum Kaufzeitpunkt war der Besitz seit acht Jahren bereits verlassen«, berichtet uns Claus Worschech, der für das »nur noch 3.500 Quadratmeter große Grundstück« dann eine neue Konzeption entwickelte. Ich interessiere mich für die Genese der beeindruckenden Planung. Unser Gärtner berichtet: »Ausgangspunkt war eine Südenglandreise im Sommer 2001, nach Fertigstellung und Bezug der Villa, gemeinsam mit Frau und Tochter, empfohlen von einem befreundeten Landschaftsarchitekten aus Norddeutschland. In 14 Tagen haben wir 24 Gärten angeschaut und nach Möglichkeit fotografisch und zeichnerisch erfasst. Aus der Summe der Eindrücke, vor allem von Sissinghurst, ist die tragende Idee der weiteren Planung entstanden, die in Zusammenarbeit mit dem Landschaftsarchitekten Wolfram Stock weiterentwickelt und schließlich realisiert wurde. Der Garten ist gegliedert in verschiedene Themen und Bereiche. Zunächst: das ›Lustholz‹, in das man bei Betreten des Grundstücks durch das große schmiedeeiserne Tor gelangt. Sogleich beginnt darin eine aufgeschotterte Auffahrt, das mit Kurzrasen versehene und dem Green eines Golfplatzes vergleichbare ›Rondell‹, welches in elegantem Schwung und mit angenehmer Steigung auf das Haus zuführt, um vor dessen Portikus – mit den restaurierten dorischen Säulen – einen großen Wendekreis zu umschreiben, der aber eigentlich als Festwiese genutzt wird. Dann der bereits erwähnte von Buchsbaum gesäumte ›Parterregarten‹ als historisierende Erinnerung an die ehemaligen Salons und Vereinszimmer des nicht mehr existierenden Erweiterungsbaus. Hinter dem Haus der ›Hof‹: eine sich großzügig erstreckende linear gerichtete Fläche. Auf dem mit Grasfugen versehenen Natursteinboden, der bewusst die Färbung der umgebenden neuen Sichtbeton-Treppen und -Wände vermittelt, sind eine großzügige Sitzgruppe und verschiedene mediterrane Topfpflanzen aufgestellt. Über Freitreppen gelingt hier die Verbindung der Villa mit der westlich gelegenen ›Scheune‹, zu einem Atelier umgebaut, mit dem östlichen ›Pavillon‹ und schließlich mit dem nördlichen ›Carré‹, einer streng mit Hainbuchenhecken umfassten Rasenfläche auf dem weiter ansteigenden Grundstück. Am oberen

Ende findet die in gleicher Breite des neuen Nordbalkons der Villa geschaffene Treppenanlage und der wie ausgerollt wirkende Rasenteppich seinen Abschluss vor einer axialsymmetrisch auf die Villa ausgerichteten modernen ›Loggia‹.

Wir befinden uns im Garten eines Architekten, das ist schon lange deutlich: Die elegante moderne ›Laube‹ aus Beton mit Kupferflachdach greift das Motiv der dorischen Säulen der Villa auf deren Südseite wieder auf, nur schlanker sind ihre Säulen.

Die geradlinig geschnittenen Hainbuchenhecken und die unterschiedlich hoch geschnittenen Rasenflächen unterteilen ›Hof‹, ›Scheunenweg‹ und ›Carré‹ in Gartenräume und Flächen, die auf verschiedenen Ebenen für die neu errichteten Gebäude und Freiflächenelemente einen gestalterischen Dialog entfalten und Interaktionen fördern.

Für die Exaktheit des Heckenschnitts, der in einem solchen Garten, der vorwiegend mit liegenden und stehenden Elementen spielt, legt Claus Worschech, anders als wir vermuteten, kein Lineal an. Sein geschultes Architektenauge genügt dieser Herausforderung.

Der Umfassungsbereich des ›Carrès‹ ist inzwischen vorwiegend mit weißen und blauen Vinca bepflanzt. Dort hat es Claus

Claus D. Worschech ◆ **RHODA**

Worschech anfänglich mit Hochstauden versucht. Sie entfalten aber auf dem lehmig-tonigen Untergrund leider nur sehr eingeschränkt ihre Pracht. An den Grundstücksgrenzen wurde eine Mischhecke gezogen und über mehrere Jahre mit Erziehungsschnitten zu einer bauchig-wolkigen Erscheinung geschnitten, um zur freien, ebenso bewegten Landschaft des nahegelegenen Steigerwaldes zu vermitteln. Vorwiegend säulenförmige Bäume besetzen diesen Übergangsbereich und schaffen eine künstliche Perspektive durch die aufsteigende Staffelung des Grüns. Was diesen mit architektonischen Mitteln und dennoch durch lebende Pflanzen ausgestatteten Garten noch auszeichnet, ist sein subtiles Lichtspiel, die unterschiedlichen Grüntöne der Hecken, die mal als dunkle Wand erscheinen, aus denen helle Sprenkel hervortreten, dann wieder als lichte stoffliche Dekorationen und Begrenzungen ...

    Einen wunderbaren Blick auf den Kirchturm von Rhoda und die Landschaft, die jetzt mit den blühenden Rapsfeldern ein frühsommerliches Prachtbild bietet, hat man von den unteren wie den oberen Sitzplätzen. Wir dürfen noch einen Blick in den Künstlergarten hinter der Scheune werfen, den ursprünglich als ›Küchengarten‹ konzipierten Teil des Grundstücks. Hier darf die Wiese auch mal hoch stehen, ein paar Löwenzähne sind erlaubt und Inseln von Margeriten sowieso. Der Gärtner fördert deren Wuchs aber auch in den anderen, strengeren Bereichen, wenn sie sich dort spontan ansiedln. Bis zu drei Meter hoch wachsende Sorten des japanischen Federmohns bilden den Hintergrund für einige von Susanne Worschechs Skulpturen, die in anmutiger Weise hier – ja: vergehen dürfen.

Wann unser Gärtner in den Garten und zu dessen Pflege kommt? Bei seinem 10- bis 12-Stunden-Tag ist das nur an sommerlichen Abenden und ansonsten am Wochenende möglich. Die Gartengestaltung erfolgte von 1998–2000 und ist heute im Wesentlichen abgeschlossen. Auf Projekte im Garten angesprochen sagt er: »Ich möchte beim ›Carré‹ doch noch einmal Stauden versuchen und an anderer Stelle die in der Kindheit so vertrauten echten Malven oder zumindest die Bauernrosen etablieren. Vielleicht entsteht ja auch ein Weinberg im ›Carré‹. Ansonsten sollen sich die Dinge in Ruhe ausprägen dürfen. Ab sofort benötige ich – von geringstmöglichem Düngereinsatz abgesehen – eigentlich nur noch Wasser und die Schere.«

Nach unserem Frühjahrsbesuch treffen wir am 28. Juni erneut am Silberblick ein. Claus Worschech hat jetzt einige Stunden Gartenarbeit hinter sich, die er eigentlich immer am Samstag Vormittag zu erledigen versucht. Mit dem Unkrautzupfen auf den Kieswegen im Parterrebeet ist er noch nicht fertig, aber er hat heute die weißen Bänke geschrubbt, weil das schön aussieht. In den Parterrebeeten blühen Lavendel, Rosen und Oregano, es ist ein richtiger Parkbereich. Der Wald-Geißbart ist abgeblüht im vorderen Bereich, der Rasen ist samtig und dicht.

Sehr schön sind auch die Stufen, die zum oberen Bereich, dem ›Carré‹, führen. Hier sind Farbtupfer angesiedelt: Kapuzinerkresse, Margeriten und Glockenblumen, im Sinne eines verspielten Akzents. Claus Worschech zeigt sich zufrieden: »Der Garten ist genau so geworden, wie ich ihn mir vor 15 Jahren gewünscht hatte. Die Proportionen stimmen, die Sichtachsen wecken Interesse und vermitteln das Gefüge des Gartens, die Hecken haben fast die Höhe erreicht, die sie haben sollen.« Bei der Sitzecke weist er uns auf einen kleinen Farn hin, der in einer Fuge wächst: »Der darf hier stehenbleiben, auch das Geißblatt in der Laube, das es geschafft hat, durch die Betonfugen von außen zu dringen. Ja, das passt hierhin zu der Lampe mit dem metallischen Rankenwerk: Die Natur bemächtigt sich des Kulturprodukts, ein anmutiges und nachdenklich stimmendes Bild zugleich.«

Claus D. Worschech ♦ **RHODA**

Register

A
Ahorn 41, 79
Akanthus 26
Akazie 55
Apfel 40
  Klarapfel 75
B
Ballonblume 26
Bambus 22
Bergenie 41, 43
Birke 61
Blasenspiere 55
Blautanne 45
Blutfelberich 26
Brennnessel 70, 77
Buche 30, 79
Buchs 39, 43, 69, 75, 80, 85
C
Clematis 75
D
Dahlie
  >Mystery Day< 26
E
Efeu 30, 41
  Felsenefeu 43
Eiche 30, 79
Eisenbaum 79
Esche 69, 74
Essigbaum 39
F
Farn 41, 43, 88
Fingerhut 19
Flieder 69
Frauenmantel 19
Funkie (Hosta) 19, 43
G
Geißblatt 88
Giersch 70
Gilbweiderich 19
Glockenblume 88
Götterbaum 41
Gräser 22
  Australisches Federborstengras 26
  Carex carophyllea >The Beatles< 26
  Diamantgras 26
  Garten-Perlgras 26
  Garten-Schopfsegge 26
  Goldbart- oder Indianergras 26
  Imperata cylindrica 26
  Kopfgras (Sesleria autumnalis) 22, 26
  Kopfgras (Sesleria heufleriana) 26
  Mahagoni-Gras 26
  Red Baron (Japanisches Blutgras) 26
  Zittergras 26
H
Hainbuche 85, 86
Haselnuss 69
Holunder 18, 67, 70
Hopfen 70
Hornveilchen 55
Hortensie 18, 19
I
Iris 18
J
Jasmin 18, 33
K
Kapuzinerkresse 32, 88
Kastanie 41, 79
Kirsche 80
Kirschlorbeer 79
Knoblauch 70
Kohl 64
Kornelkirsche 74, 77, 79
Kugellauch 27
L
Lavendel 88
Lebensbaum (Thuja) 55, 75
Lilie
  Taglilie 18, 19
Linde 79

M
Mädchenauge 26
Malve 18, 63, 88
Margerite 53, 88
Melde 19
Minze 67
Mohn 19
    Japanischer Federmohn 88
Moos 41
N
Natternkopf 26
O
Oregano 88
P
Päonie (Pfingstrose) 43
Perückenstrauch 55
Pfaffenhütchen 55
Pfingstrose *Siehe Päonie*
Pflaume 69, 75
R
Ranunkel 26
Rhododendron 79
Ringelblume 19
Robinie
    Goldrobinie 55
Rose 26, 32, 43, 52, 55, 59, 63, 88
    Duftrose 43
    ›Europeana‹ 55
    ›Käthe von Saalfeld‹ 26
    Kletterrose 43
    ›Marie Curie‹ 55
    ›Michelangelo‹ 27
    ›Nostalgie‹ 27
    ›Pomponella‹ 55
    Ramblerrose 18
S
Salat 64
Salomonsiegel 41
Scheinpinie 79
Scheinzypresse 79
Seerose 19
Sonnenblume 64
Spornblume 26
Stangenbohne 64
T
Thymian 57
Trompetenbaum 79
Trompetenwinde 18
Tulpenbaum 79
V
Vinca (Immergrün) 86
W
Wald-Geißbart 18, 88
Walnuss 79
Weide 59, 60, 61, 64, 69
    Salix integra 18
Weigelie 55
Wein 32
Weinraute 67
Wilder Wein 55
Wunderblume 26
Z
Zitronenmelisse 67
Zitronenverbene 67

Der Garten am Haus

THÜRINGER KLEINODE ZWISCHEN ZIERDE UND NUTZEN

Annette Seemann *Texte*
Constantin Beyer *Fotos*

Alle Titel der Reihe im Überblick
jeder Band 14,– €

Band 1 HISTORISCHE GÄRTEN
1. Aufl. 2015, ISBN 978-3-89739-806-1
Broschur, 104 Seiten mit
zahlreichen Farbfotos.
*Vorgestellt werden Gärten in Weimar,
Hohenfelden und Rudolstadt.*

Band 2 PRIVATE GÄRTEN
1. Aufl. 2015, ISBN 978-3-89739-833-7
Broschur, 176 Seiten mit zahlreichen
Farbfotos.
*Vorgestellt werden Gärten in Mötzelbach,
Burkersdorf, Erfurt/Stotternheim,
Buttelstedt/Nermsdorf, Gotha/Eschenbergen,
Weimar, Gera, Rudolstadt, Weißbach im
Saale-Holzland-Kreis, Schmalkalden, Ulla,
Tautenburg, Bechstedt, Lindig und Uthenbach.*

Band 3 PRIVATE ZIERGÄRTEN
1. Aufl. 2015, ISBN 978-3-89739-834-4
Broschur, 160 Seiten mit zahlreichen
Farbfotos.
*Vorgestellt werden Gärten in Unterwellenborn,
Weimar, Magdala, Rohr, Gera, Fambach,
Weimar/Ehringsdorf, Erfurt/Ringelberg,
Bad Berka, Gotha, Kapellendorf, Bucha,
Rudolstadt und Willschütz.*

Band 4 GARTEN UND KUNST
1. Aufl. 2015, ISBN 978-3-89739-835-1
Broschur, 96 Seiten mit zahlreichen
Farbfotos
*Vorgestellt werden Gärten in Plinz, Saalfeld-
Remschütz, Rudolstadt, Meiningen,
Hohenfelden, Kapellendorf und Rhoda
(bei Erfurt/Möbisburg).*

WEITERE GARTENTITEL
UNSERES VERLAGES

Clemens Alexander Wimmer
Hippe, Krail und Rasenpatsche
Zur Geschichte der Gartengeräte

ISBN 978-3-89739-722-4. 1. Auflage 2012. 246 Seiten.
Zahlreiche Abbildungen, zum Teil in Farbe. Hardcover.
Ladenpreis 35,00 €

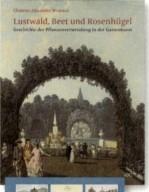

Clemens Alexander Wimmer
Lustwald, Beet und Rosenhügel
Geschichte der Pflanzenverwendung in der Gartenkunst

ISBN: 978-3-89739-749-1. 1. Auflage 2014. 432
Seiten. 570 Abbildungen, zumeist in Farbe.
Hardcover. Maße: 24 × 30 cm. Ladenpreis 52,00 €

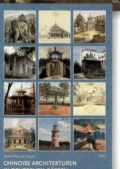

Pückler-Gesellschaft e.V. Berlin (Hg.)
Gerd-Helge Vogel
Chinoise Architekturen in deutschen Gärten
Ein kleines Lexikon

ISBN: 978-3-89739-812-2. 1. Auflage 2014. 207 Seiten.
298 Abbildungen in Farbe. Hardcover. Ladenpreis 24,00 €

Anna Zika
Geist und Gefühl.
Ein literarischer Begleiter durch den Wörlitzer Park

ISBN: 978-3-89739-699-9. 2. verbesserte Auflage 2011.
152 Seiten. 60 Abbildungen in Farbe. Softcover.
Ladenpreis 18,50 €

Unsere Bücher bekommen Sie in jeder Buchhandlung oder unter www.vdg-weimar.de.

Impressum

© VDG Weimar 2015
Kein Teil dieses Werkes darf ohne schriftliche Einwilligung des Verlages in irgendeiner Form (Fotokopie, Mikrofilm oder ein anderes Verfahren) reproduziert oder unter Verwendung elektronischer Systeme digitalisiert, verarbeitet, vervielfältigt oder verbreitet werden.
Die Angaben zum Text und Abbildungen wurden mit großer Sorgfalt zusammengestellt und überprüft. Dennoch sind Fehler und Irrtümer nicht auszuschließen, für die Verlag und Autorin keine Haftung übernehmen.

Besuchen Sie uns im Internet unter:
www.vdg-weimar.de

VDG Weimar startete 2000 den täglichen Informationsdienst für Kunsthistoriker
www.portalkunstgeschichte.de

Gestaltung & Satz: Anja Waldmann, Weimar
www.waldmann-gestaltung.de

Umschlagfoto: Constantin Beyer, Garten von Jochen Bach (Plinz/Milda)

Druck: Westermann Druck Zwickau GmbH

ISBN 978-3-89739-835-1

Bibliografische Information der Deutschen Nationalbibliothek:
Die Deutsche Nationalbibliothek verzeichnet diese Publikation in der Deutschen Nationalbibliografie; detaillierte bibliografische Daten sind im Internet über http://d-nb.de abrufbar.